Ce que tout Français

doit savoir

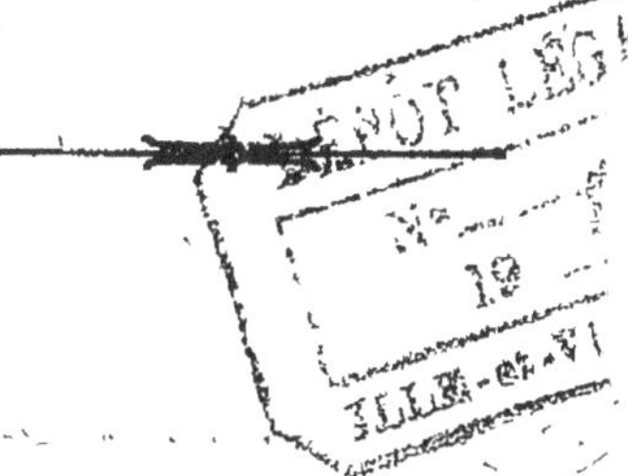

Voir la feuille de Concours à la fin de la brochure.

RENNES
Imprimerie Artistique
2, RUE D'ANTRAIN

1920

Association Professionnelle des Journalistes
de l'Ouest

10, rue de Nemours, RENNES

Ce que tout Français doit savoir

Le père de famille. — Le soldat. — Le citoyen. — L'électeur. — Le commerçant. — La femme mariée. — Le cultivateur. — Le contribuable, etc.

Dans cette brochure, vendue au profit de la Caisse de secours et de retraites de l'Association Professionnelle des Journalistes de l'Ouest, nous nous proposons de donner au public le plus de renseignements qu'il sera possible sur les diverses formalités qu'un homme peut avoir à remplir dans la vie. Les rédactions de tous nos journaux reçoivent, quotidiennement, de nombreuses demandes de renseignements, souvent sur des faits presque banals. C'est ce qui nous a donné l'idée de publier cette brochure qui, nous voulons l'espérer, rendra quelques services.

L'ENFANT

Quand naquit Jean Couvet, son père se déclara fort embarrassé sur les formalités qu'il devait remplir à la Mairie et à l'Eglise. Il s'en fut trouver un voisin qui fort obligeamment, lui donna les renseignements que voici :

Lorsqu'un enfant est né, la déclaration doit en être faite dans les 3 jours de l'accouchement, à la Mairie de la commune dans laquelle la naissance a eu lieu. Cette déclaration est faite par le père de l'enfant en présence de deux témoins majeurs, ou à défaut du père, par les médecins, sages-femmes ou autres personnes qui ont assisté à l'accouchement.

Quand il s'agit d'un enfant légitime, il convient de produire, autant que possible, le livret de famille ou le certificat de mariage. On évite ainsi toute espèce d'erreur dans la désignation des noms et prénoms des intéressés. Il est recommandé de s'abstenir de donner pour premier prénom à l'enfant un prénom correspondant à un sexe différent du sien ; par exemple d'appeler Marie, un garçon. Une dénomination semblable peut entraîner de regrettables erreurs dans les différents actes de la vie civile auxquels il aura à prendre part.

En cas d'indisposition de l'enfant, ou s'il n'est pas possible de le présenter à l'officier de l'Etat Civil, il y est suppléé par un certificat de l'accoucheur indiquant le lieu, le jour et l'heure de la naissance, ainsi que le sexe et l'état de viabilité de l'enfant.

Muni de ces renseignements, le père de Jean Couvet fit le nécessaire à l'Etat Civil ; puis il se rendit au presbytère, car il désirait faire baptiser son fils. Là, il apprit ce qui suit :

Tout enfant nouveau-né peut être admis au sacrement du baptême dont le ministre ordinaire est le prêtre.

Il peut arriver que des circonstances exceptionnelles fassent que le baptême doive, dans l'intérêt de l'enfant, être conféré dès la naissance, sans aucune des cérémonies liturgiques prescrites par l'Eglise. Dans ce cas il n'est que provisoire et prend communément la dénomination d'ondoiement.

L'ondoiement ne peut être pratiqué que moyennant une dispense de l'autorité diocésaine et qui est obtenue soit directement, soit par l'entremise du curé de la paroisse. Le coût en est de six francs

L'ondoiement ne supplée pas aux cérémonies du baptême. Il n'est qu'une administration provisoire du sacrement.

Dans les conjonctures graves et au défaut de prêtre, toute personne, quelle que soit sa confession religieuse, est autorisée à conférer le baptême pourvu qu'elle ait, à l'égard du nouveau-né, les mêmes intentions que l'Eglise catholique et romaine.

Jean Couvet fut placé en nourrice. Et son père apprit alors :

Que toute nourrice doit faire une déclaration à la Mairie, dans les 3 jours de l'arrivée de l'enfant, en ayant soin de se munir d'un livret de nourrice.

Il apprit encore ce que beaucoup de personnes ignorent, à savoir que :

Tout enfant doit être vacciné de 0 à 1 an et de 10 à 11 ans ; tout adulte doit l'être de 20 à 21 ans. Avoir soin de retirer un certificat de vaccination pour éviter tout ennui. Des séances de vaccination gratuite ont lieu chaque année dans toutes les communes ; les lieux, jours et heures en sont indiqués au moins quinze jours à l'avance.

Jean Couvet grandit et fut un écolier modèle. Jeune homme, il lut beaucoup et acquit ainsi de nombreuses connaissances sur toutes choses. D'un naturel bienveillant et bon, il se fit un devoir de conseiller ses concitoyens dans les cas embarrassants.

LE SOLDAT

Un jour un de ses amis lui demanda quelles formalités il fallait remplir pour s'engager. Jean Couvet s'empressa de lui indiquer ce qui suit :

ARMÉE DE TERRE. — *Voici les pièces que doit réunir un jeune homme qui désire s'engager dans l'armée de terre.*

Extrait de naissance; Certificat de bonnes vie et mœurs; Consentement des parents ou du tuteur, légalisé par le Maire.

Avant de réunir ces trois pièces, le jeune homme doit passer la visite dans un bureau de recrutement, à son choix.

Après la constitution du dossier il doit se rendre à la mairie où il a son domicile pour signer l'engagement. Il le signe encore à l'Intendance lorsqu'il s'y rend pour la mise en route.

A 18 ans, on peut s'engager pour 4 ans dans les troupes métropolitaines et pour 5 ans dans les troupes coloniales.

A 19 ans on peut s'engager pour 4 ans, partout.

MARINE. — *Un jeune homme qui désire s'engager dans la marine doit fournir les pièces suivantes :*

1° Acte de naissance ;
2° Certificat de bonnes vie et mœurs ;

3° Consentement du père si le jeune homme est mineur, ou du tuteur.

L'intéressé doit se présenter dans un des Dépôts des Equipages de la Flotte où il pourra, après visite, être admis à contracter un engagement dans la spécialité de son choix (fusiliers, gabiers, chauffeurs, mécaniciens, etc.)

Ce n'est que dans les ports qu'on peut lui indiquer exactement les spécialités ouvertes Dans tout bureau de recrutement le candidat peut demander à passer la visite d'admission ; ce qui lui évite les frais d'un voyage au port où il veut se faire inscrire.

Si le jeune homme est admis au dépôt il contracte un engagement de 3 ou 5 ans, signé à la Mairie de la ville où se trouve le port qu'il a choisi.

Jean Couvet, lui aussi, partit au régiment. Quand il revint au pays, il se renseigna sur ses droits et ses devoirs de citoyen.

L'ELECTEUR

Il apprit, sur les élections politiques. des choses fort intéressantes que nous résumons ici :

Pour devenir électeur il faut être Français, âgé de 21 ans révolus à la clôture des listes électorales (31 mars de chaque année). La preuve de l'âge résulte de la production d'un acte de naissance qui doit être délivré gratuitement sur papier libre à tout réclamant.

Le citoyen peut être privé du droit de vote dans un certain nombre de cas, notamment. celui de condamnation à la prison pour certains délits spécifiés par la loi quand bien même il aurait obtenu le sursis. De même, ces incapacités subsistent s'il y a eu grâce ou commutation de peine. Toutefois elles sont effacées par l'amnistie.

1°) Sont frappés d'une incapacité électorale perpétuelle, ceux qui ont commis les délits suivants quelle que soit la durée de l'emprisonnement. Assassinat, meurtre, coups et blessures ayant entraîné la mort sans intention de la donner, vol qualifié, faux, abus de confiance, escroquerie, vol, attentat aux mœurs, vagabondage, usure, tenue d'une maison de jeu, d'une maison de prêts sur gages non autorisée.

2°) Sont frappés d'une incapacité électorale perpétuelle ceux qui ont été punis de trois mois de prison au moins pour les délits suivants : Arbres abattus ou mutilés de manière à les faire périr ; destruction de registres, billets, titres, lettres de change, effets de commerce ou de banque contenant ou opérant obligation, fraudes électorales par addition, soustraction ou altération de bulletins ; inscription sur une liste électorale en dissimulant une incapacité temporaire prévue par la loi ; inscription sur deux ou plusieurs listes électorales, insulte aux membres d'un bureau de vote, corruption électorale par promesse de dons en argent ou en nature, ou promesse d'attribuer un emploi public ou privé en échange d'un bulletin de vote favorable ; menaces à un électeur de lui faire perdre son emploi ; propagation de fausses nouvelles ou bruits calomnieux sur un candidat.

Empoisonnement de bestiaux ou de poissons dans des viviers ou étangs ; vente de denrées alimentaires corrompues ou falsifiées, fabrication de denrées ou boissons, par des mixtions nuisibles à la santé, destruction de greffes, dévastation de récoltes, tromperie sur la quantité des marchandises livrées.

Il y a d'autre part un certain nombre d'exclusions temporaires qu'il serait trop long d'énumérer. Notons toutefois que les faillis sont suspendus de leurs droits civiques pendant trois ans.

L'inscription sur la liste électorale est subordonnée à l'une des conditions suivantes : 1° domicile réel ou résidence de 6 mois dans la commune ; 2° inscription au rôle des contributions directes et des prestations en nature ; 3° résidence obligatoire dans la commune pour les fonctionnaires publics.

Les domestiques ou ouvriers ont le domicile de la personne chez laquelle ils travaillent, à la condition de demeurer dans la même maison. Ils peuvent donc, quelle que soit la durée de leur séjour être portés sur la liste électorale de la commune où est situé le domicile de leur maître. Toutefois, le citoyen qui à une certaine époque de l'année, entre pour quelques mois au service d'un cultivateur, ne peut être électeur dans la commune où il se trouve ainsi d'une façon temporaire.

Tous les ans, dans chaque commune, doit se réunir, du 1er au 10 janvier, une commission de 3 membres qui comprend obligatoirement le maire. Cette commission doit ajouter à la liste tous ceux qui auront acquis les conditions d'âge et de domicile avant le 1er avril et les citoyens qui auraient été précédemment omis.

Elle décide aussi des radiations, mais doit mentionner, sur un registre, les motifs et les pièces à l'appui et faire avertir, sans frais, l'électeur radié.

Les électeurs ayant leur domicile réel dans la commune ou y habitant depuis 6 mois, n'ont aucune déclaration à faire pour être inscrits sur la liste électorale.

Ceux qui, tout en n'habitant pas la commune y sont inscrits au rôle des contributions doivent, pour se faire inscrire, aviser le maire par lettre ou même par déclaration verbale mais ils sont tenus de justifier qu'ils ont fait une démarche quelconque pour être radiés dans la commune où ils étaient primitivement inscrits.

Un électeur peut demander l'inscription sur la liste de tout homme ayant son domicile réel dans la commune.

N'importe quel électeur peut également réclamer une radiation, en produisant les motifs sur lesquels cette demande est fondée.

La liste des électeurs, déposée à la mairie, doit être communiquée à toute personne qui désire en prendre connaissance. Il est permis d'en prendre copie.

Un refus de la communiquer entraîne généralement l'annulation des opérations électorales.

LE CITOYEN

Jean Couvet apprit également qu'en dehors des élections politiques il y avait les élections aux Chambres de Commerce, aux Tribunaux de Commerce et aux Chambres d'Agriculture. Un de ses amis, cultivateur, étant quelque peu ignorant de cette nouvelle loi créant les Chambres d'Agriculture, Jean Couvet s'empressa de le renseigner et de lui adresser la notice suivante :

CHAMBRES D'AGRICULTURE. — *D'après une loi votée en septembre 1919, il doit y avoir au chef-lieu de chaque département une Chambre d'agriculture. Celle-ci se compose : 1° de membres élus pour six ans au scrutin de liste, à raison de un par canton ; 2° de délégués des syndicats agricoles.*

Sont admis à participer aux élections pour les Chambres d'agriculture tous les citoyens qui travaillent la terre. Toutefois, les ouvriers agricoles doivent habiter la commune depuis plus de trois ans.

Sont encore électeurs des Chambres d'agriculture : 1° les propriétaires n'exploitant pas leur terre, mais qui la possèdent depuis trois ans au moins; 2° les anciens cultivateurs ayant exercé leur métier pendant neuf ans au moins; 3° les femmes ayant dirigé leur exploitation pendant la guerre en l'absence de leur mari, père ou frère.

Les électeurs doivent avoir 25 ans et les élus 30 ans.

Les Chambres d'agriculture devront tenir chaque année deux sessions de huit jours au plus. Elles devront être obligatoirement consultées sur les créations de foires et marchés, sur les tarifs et règlements de transport des produits agricoles, sur la distribution des crédits destinés à encourager l'agriculture, sur les reboisements, sur la fondation de caisses de crédit agricole, etc.

Bien mieux, elles peuvent être autorisées à réaliser seules des travaux d'intérêt agricole.

La loi leur accorde en outre le droit de poursuites contre ceux qui falsifient ou altèrent les produits de l'agriculture ou nécessaires aux travaux agricoles, ainsi que contre ceux qui influent de manière illégale sur le marché de ces produits.

Bref, les Chambres d'agriculture ont des droits plus étendus que certaines assemblées électives, telles que les Conseils d'arrondissement, et c'est avec raison qu'on les a appelées : les Conseils généraux de l'agriculture.

Le Mariage. — Jean Couvet ayant un jour rencontré une jeune fille digne d'être sa compagne dans la vie, décida de se marier. Il écrivit à un ami, employé de mairie, pour lui demander quelles formalités il devait remplir. Voici la réponse qu'il reçut :

Les personnes qui se proposent de contracter mariage doivent se présenter à l'avance à la Mairie pour faire les publications requises par la loi. Ces publications resteront apposées à la porte de la maison commune pendant dix jours. Le mariage ne pourra être célébré avant le dixième jour depuis et non compris celui de la publication. Les publications sont valables pour un an seulement ; elles doivent être renouvelées si le mariage n'a lieu qu'à l'expiration de l'année qui les suit.

L'homme avant dix-huit ans révolus, la femme avant quinze ans révolus, ne peuvent pas contracter mariage.

Les pièces à produire sont : 1º acte de naissance; 2º si les futurs époux ont moins de trente ans, consentement authentique des parents, s'ils ne peuvent assister au mariage; s'ils sont décédés, leur extrait mortuaire.

Les futurs conjoints doivent être assistés, lors de la célébration du mariage, de deux témoins majeurs.

Quatre jours au moins avant la célébration du mariage civil, ils doivent se présenter à la Mairie pour fournir tous les renseignements nécessaires à l'établissement des pièces (noms, prénoms, professions, âges, domiciles des témoins, etc., etc...).

Formalités diverses. — L'ami de Jean Couvet était un ami prévoyant. Il lui envoya, en même temps que les renseignements ci-dessus, une petite notice indiquant certaines formalités que tout homme peut avoir à remplir dans la vie. Jean Couvet y lut les rubriques suivantes :

CHIENS. — *En faire la déclaration ou radiation du 1er octobre au 15 janvier.*

PIGEONS-VOYAGEURS. — *En faire la déclaration avant le 31 décembre.*

PRESTATIONS. — *Option en nature ou réclamation dans le mois qui suit la publication du rôle.*

BILLARDS. — *Déclaration du 1er octobre au 31 janvier.*

VÉLOCIPÈDES. — *Déclaration dans les 30 jours de l'acquisition. Modifications, avant le 31 janvier.*

CHEVAUX, MULETS ET VOITURES. — *Déclarations en décembre. En cas de changement, déclarer dans le mois. Ceci pour les réquisitions militaires.*

Pour les contributions, déclaration dans les 30 jours en cas d'acquisition, avant le 15 janvier en cas de diminution dans le nombre.

CONSTRUCTIONS NOUVELLES. — *Déclarations dans les 4 mois à partir de l'ouverture des travaux.*

Le permis de chasse. — Jean Couvet aimait tous les sports ; mais plus particulièrement la pêche et la chasse. Plusieurs cultivateurs, chez lesquels il allait chasser, lui demandèrent des renseignements sur le nouveau permis de chasse institué en 1920. Jean Couvet ne se fit pas prier et il leur donna les indications que voici :

Il y a deux catégories de permis de chasse : 1° le permis général; 2° le permis départemental. Le permis général, du prix de 100 francs, peut être utilisé sur toute l'étendue du territoire français. Le permis départemental, du prix de 40 francs, peut être utilisé sur toute l'étendue du département dans lequel il a été délivré, et, en dehors de ce département, sur toute l'étendue des arrondissements limitrophes dudit département.

Toute demande de permis de chasse doit être établie sur feuille de papier timbré à 2 francs et spécifier s'il s'agit d'un permis général ou d'un permis départemental.

Cette demande doit être visée par le Maire de la commune de celui qui désire obtenir le permis. Elle est ensuite adressée au sous-préfet ou au préfet.

Tout permis général ou départemental est valable pour un an à dater du 1er juillet qui aura précédé la délivrance du permis, et ce à quelque époque de l'année qu'il ait été délivré.

Un permis départemental ne peut, à aucun moment de sa durée, être converti en permis général.

Opérations postales. — Ainsi que nous le verrons plus loin, Jean Couvet devint commerçant. Il eut donc à faire de nombreuses opérations postales. Mais souvent déjà il s'était renseigné sur les tarifs en vigueur et il savait notamment que :

Les lettres et paquets clos sont acceptés jusqu'au poids maximum de 1.500 grammes et doivent être affranchis :

Jusqu'à 20 grammes : 25 centimes.
Au-dessus de 20 gr., jusqu'à 50 gr. : 40 centimes;
Au-dessus de 50 gr., jusqu'à 100 fr. : 50 centimes.
Au-dessus de 100 gr, augmentation de 15 centimes par 100 *grammes.*

CARTES POSTALES : *simples, 20. centimes ; avec réponse payée, 40 centimes ; illustrées ne contenant que 5 mots manuscrits, au plus : 15 centimes.*

ECHANTILLONS *(poids maximum 500 grammes) : jusqu'à* 100 *gr., 20 centimes; au-dessus de 100 gr., augmentation de 15 centimes par 100 gr.*

IMPRIMÉS : *jusqu'à 50 gr., 0.05 ; de 50 à 100 gr., 0.15 ; au-dessus de 100 gr., 0.15 par 100 gr. ou fraction de 100 gr.*

DROIT DE RECOMMANDATION. — *Lettres, paquets clos, cartes postales : 0.35. — Objets affranchis à prix réduits : 0.25. — Lettres et boîtes de valeur déclarée : 0.50. — Les lettres et boîtes de valeur déclarée supportent, en outre, un droit d'assurance de 20 centimes jusqu'à 1.000 francs avec augmentation de 10 centimes par 1.000 francs.*

CORRESPONDANCES ADRESSÉES POSTE RESTANTE. — *Surtaxe de* 0.20 *par objet, sauf pour les envois adressés aux voyageurs de commerce ayant acquitté un droit d'abonnement de* 10 *francs.*

MANDATS-POSTE. — *Droits perçus dans le régime intérieur :*
Jusqu'à 5 fr., 0.20. De 5 à 10, 0.30. De 10 à 20, 0.40. De 20 *à 40, 0.60. De 40 à 60, 0.80. De 60 à 100, 1 franc.*
De 100 à 200, 1.20. De 200 à 400, 1.40. De 400 à 600, 1.60. De 600 à 800, 1.80. De 800 à 1.000, 2 francs.
De 1.000 à 5.000, 2 francs pour les premiers 1.000 francs, plus 20 centimes par 200 francs ou fraction de 200 francs excédant. Au-dessus de 5.000 francs, 6 francs pour les premiers 5.000 francs, plus 1 franc par 1.000 francs ou fraction de 1.000 francs excédant.

Mandats payables à domicile : taxe de factage : 25 centimes.
Touchez vos mandats dès leur réception pour éviter la taxe de renouvellement.

LE COMMERÇANT

Jean Couvet prit un jour un commerce et, peu au courant des Lois sur les Impôts, les obligations commerciales et aussi des Lois ouvrières et des Lois rurales, il se munit du Recueil dont nous donnons ci-après de larges extraits :

RÉPERTOIRE DES IMPOTS DIRECTS

Une infinité de lois fiscales ont été votées depuis 1914, et notre ancienne organisation financière, aussi vieille que la Révolution, a été bouleversée : des impôts nouveaux et des méthodes nouvelles d'établissement et de perception ont été inaugurés en pleine guerre; mais le passé n'a pas sombré tout entier : l'Etat a fait l'expérience des méthodes nouvelles, les départements et les communes perçoivent encore la plupart de leurs revenus suivant les méthodes anciennes.

Au cours de l'exposé qui suivra, nos lecteurs constateront cette dualité qui complique singulièrement les rapports des contribuables avec le fisc et le travail de l'administration.

Aucun manuel, aucune brochure de vulgarisation du droit fiscal n'ont encore été écrits. Nous avons dû, pour essayer d'orienter le public au milieu du labyrinthe de ces lois nouvelles et lui permettre de s'en assimiler les dispositions essentielles, nous reporter aux textes législatifs; nous nous sommes, autant que possible, efforcés de dégager de la grisaille de ces textes les principes généraux qui ont guidé le législateur.

Le contribuable ne trouvera donc pas dans notre court exposé toutes les dispositions de détail contenues dans les lois, décrets ou règlements qui le régissent, mais il trouvera un résumé aussi substantiel que possible de tous ces textes dont il relève et qu'il pouvait ignorer. S'en pénétrer sera pour lui le meilleur moyen de se mettre en mesure de s'acquitter de ses obligations et de sauvegarder ses droits.

Georges JAIGU,
Avocat à la Cour d'Appel de Rennes.

CONTRIBUTION FONCIÈRE
des Propriétés bâties & non bâties

LOI DU 29 MARS 1914. — Une loi du 29 mars 1914 a abrogé une loi du 23 novembre 1790 sur laquelle était basée la contribution foncière des propriétés bâties et non bâties, et rétabli celle-ci sur des bases nouvelles.

PROPRIÉTÉS NON BATIES. — La contribution foncière des propriétés non bâties est réglée depuis le 1er janvier 1915 sur le revenu des propriétés tel qu'il résulte des tarifs établis par nature de culture et de propriété.

Les évaluations servant de base à la contribution foncière sur les propriétés non bâties sont revisées tous les vingt ans dans chaque commune.

Tout propriétaire est admis à contester la nature de la culture et le classement assigné à ses propriétés dans les six mois à partir de la publication du premier rôle établi d'après les résultats de la nouvelle évaluation.

Le taux de la contribution foncière des propriétés non bâties est fixé en principal à 10 % (Loi du 25 juin 1920).

PROPRIÉTÉS BATIES. — L'évaluation du revenu des propriétés bâties a lieu tous les dix ans.

Le taux de l'impôt est fixé en principal à 10 % du revenu net.

— A la contribution foncière s'ajoutent des centimes perçus au profit de l'Etat pour non-valeur et pour perception des impositions communales et des centimes départementaux et communaux. Des dégrèvements sont accordés sur les contributions foncières des propriétés non bâties aux petits propriétaires exploitant pour leur compte et pour les seules terres dont ils sont exploitants et propriétaires. Les demandes de dégrèvement doivent être formulées chaque année avant le 10 février.

IMPOT GÉNÉRAL SUR LE REVENU

LOI DU 15 JUILLET 1914. — Une loi du 15 juillet 1914 a institué un impôt général sur le revenu. Chaque chef de famille est imposable tant en raison de ses revenus personnels que de ceux de sa femme, et des autres membres de sa famille qui habitent avec lui. Toutefois, les contribuables peuvent demander des impositions distinctes : lorsqu'une femme séparée de biens ne vit pas avec son mari, et lorsque les enfants et autres membres de la famille, sauf le conjoint, tirent un revenu de leur propre travail ou d'une fortune indépendante de celle du chef de famille.

L'impôt est établi d'après le montant total du revenu net annuel du contribuable, et il est déterminé chaque année d'après le produit des diverses sources de revenus pendant l'année précédente, sous déduction des intérêts des emprunts, des arrérages de rentes payées, des autres impôts directs acquittés, des pertes résultant d'un déficit d'exploitation.

La loi du 15 juillet 1914 et les lois postérieures ont prévu des dégrèvements à la base de l'impôt général sur le revenu. Soulignons les points suivants :

Sont affranchis de l'impôt :

Les personnes dont le revenu imposable n'excède pas la somme de 8.000 francs majorée, s'il y a lieu, de :

3.000 francs si le contribuable est marié ;

1.500 francs au moins par personne à la charge du contribuable.

L'impôt est calculé en comptant pour un vingt-cinquième la fraction comprise entre 6.000 et 20.000 francs, pour deux vingt-cinquièmes la fraction comprise entre 20.000 et 30.000, et ainsi de suite en augmentant d'1/25e par tranche de 10.000 jusqu'à 100.000.

Le taux de l'impôt à appliquer au revenu taxable ainsi obtenu est de 50 %.

Sur l'impôt ainsi calculé chaque contribuable a droit à des réductions pour charges de famille qui varient entre un minimum de 5 % et un maximum de 15 % par personne.

Le montant de l'impôt général sur le revenu est majoré de 25 % pour les contribuables âgés de plus de 30 ans, célibataires ou divorcés, n'ayant aucune personne à leur charge.

Le même montant est majoré de 10 % pour les contribuables âgés de plus de 30 ans, mariés depuis deux ans, sans enfant ni personne à leur charge.

— Notons que les mutilés, veuves et ayants-droit des morts de guerre sont affranchis de l'impôt pour les pensions dont ils sont titulaires.

IMPOT SUR LES BÉNÉFICES
Industriels & Commerciaux

LOI DU 31 JUILLET 1917. — L'impôt sur les bénéfices industriels et commerciaux a été établi par la loi du 31 juillet 1917 en remplacement de la contribution des patentes. D'après cette loi, les commerçants et industriels sont invités à faire, avant le 31 mars de chaque année, la déclaration de leur bénéfice de l'année précédente.

S'ils ne la font pas, ils sont taxés d'office. L'impôt est calculé à 8 % du bénéfice réalisé, mais en tenant compte de ce que les sommes de 1 à 1.500 francs ne comptent que pour un quart ; de 1.500 francs à 5.000 francs, pour la moitié. Les sommes dépassant 5.000 francs comptent pour la totalité.

A défaut de déclaration, le fisc établit d'office le chiffre d'affaires du commerçant non déclarant. Il applique à ce chiffre d'affaires un coëfficient variable suivant la nature de chaque commerce et qui donne le bénéfice sur lequel l'impôt est calculé à 8 %, comme nous l'avons dit.

Les contribuables doivent, s'ils en sont requis par lettre recommandée du contrôleur, faire connaître par écrit dans un délai de vingt jours le montant de leur chiffre d'affaires dans l'année précédente et fournir à cet égard toutes justifications nécessaires. En cas de refus du contribuable, le contrôleur procède à l'évaluation du chiffre d'affaires : l'impôt est alors majoré de moitié.   V

IMPOT SUR LES BÉNÉFICES
de l'Exploitation Agricole

LOI DU 31 JUILLET 1917. — *Titre II.* — Un impôt annuel est établi sur les bénéfices de l'exploitation agricole. Le bénéfice provenant de l'exploitation agricole est considéré pour l'assiette de l'impôt comme égal à la moitié de la valeur locative des terres exploitées.

Sur le montant du revenu de l'exploitation agricole, l'exploitant n'est taxé que sur la fraction supérieure à 1.500 francs et il a droit à une déduction de moitié sur la fraction comprise entre 1.500 et 4.000 francs (Loi du 25 juin 1920.)

IMPOT
sur les Traitements et Salaires

Loi du 31 juillet 1917. — *Titre III.* — Les revenus provenant des traitements, salaires, indemnités, émoluments, pensions (exception pour les pensions de guerre et rentes viagères) sont assujettis à un impôt annuel de 6 % portant sur la partie de leur montant qui dépasse un chiffre variant de 2.000 à 6.000 francs, suivant la nature des revenus et l'importance de la population habitée par le contribuable. (Voir loi du 25 juin 1920.)

IMPOT SUR LES BÉNÉFICES
des Professions libérales

Loi du 31 juillet 1917. — Les bénéfices des professions libérales et de toutes occupations ou exploitations lucratives non soumises à un impôt spécial sur le revenu, sont assujettis à un impôt annuellement établi à raison du bénéfice net de l'année précédente.

L'impôt ne porte que sur la partie du bénéfice net dépassant une somme qui varie de 4.000 à 6.000 francs, suivant l'importance de la localité habitée par le contribuable.

Le taux de l'impôt est de 6 %.

Pour les charges et offices dont les titulaires n'ont pas la qualité de commerçants, l'impôt est calculé d'après les taux fixés pour les professions commerciales (Loi du 25 juin 1920).

CENTIMES DEPARTEMENTAUX
et Communaux

La loi du 31 juillet 1917 portant suppression des contributions personnelle-mobilière, des portes et fenêtres et des patentes et établissement d'un impôt sur diverses catégories de revenus dans les conditions que nous avons

exposées, a maintenu jusqu'au vote ou une loi spéciale
etablissant des taxes de remplacement les centimes départementaux et communaux perçus d'après les règles anté-
rieurement en vigueur en se basant sur un principal fictif.

DISPOSITIONS SPÉCIALES

LOI DU 31 JUILLET 1917. — *Titre VII* (modifiée par la loi
du 25 juin 1920). — Sur les impôts institués par la loi
du 31 juillet 1917 et sur l'impôt foncier, tout contribuable
a droit à des réductions pour charges de familles de 5 %,
7 50 %, 10 % et 15 %, suivant le montant du revenu net
et le nombre de personnes à sa charge (Voir à ce sujet
loi du 25 juin 1920).

L'IMPOT
sur le Chiffre d'Affaires

LOI DU 25 JUIN 1920. — Un impôt sur le chiffre d'affaires
a été institué par la loi du 25 juin 1920. Nous tenons ici
à dissiper deux équivoques :

1° L'impôt sur le chiffre d'affaires est complètement
indépendant du bénéfice réalisé par le commerçant. Il
porte sur le montant des ventes et des profits sans déduction pour frais d'aucune sorte ;

2° L'impôt sur le chiffre d'affaires doit être acquitté par
le vendeur. Il constitue un des éléments du prix de
revient de la marchandise. Il est calculé sur la somme
totale versée par le payeur, y compris l'impôt lui-même.
Ceci dit, voici l'économie esentielle de la loi sur le
chiffre d'affaires.

Ceux qu'elle intéresse.

La taxe sur le chiffre d'affaires s'applique à toutes les
opérations effectuées par les particuliers ou les sociétés
s'occupant, à titre principal ou accessoire de commerce
ou d'industrie, ainsi qu'aux artisans travaillant seuls et
à façon.
Des exceptions sont prévues en ce qui concerne la vente
du pain, et les opérations portant sur des produits mono-

polisés, les ventes de produits agricoles, location d'im-
meubles, l'exercice des professions libérales, etc., etc., le
chiffre d'affaires qui est frappé de l'impôt est constitué
par le montant des ventes effectivement et définitivement
réalisées, c'est-à-dire celles dont le paiement a été encaissé.

Ce qu'ils doivent payer.

Le taux de l'impôt varie suivant la nature du commerce, la catégorie dans laquelle est classée la maison de
commerce; il est tantôt de 1,10 %, tantôt de 3 %, tantôt
de 10 %.

La taxe de 10 % est due pour les affaires afférentes au
logement et à la consommation des boissons et denrées
alimentaires, effectuée dans les établissements de première
catégorie, et pour les ventes au détail ou à la consommation d'objets classés comme étant de luxe.

Cette taxe de 10 %, en ce qui concerne les objets de luxe,
n'est due que pour la vente au détail. Les objets de luxe
vendus à des commerçants en vue de les revendre en sont
exonérés.

La taxe de 3 % est due pour les affaires relatives au logement, à la consommation sur place des boissons et
denrées aimentaires effectuée dans des établissement classés comme étant de seconde catégorie.

Quant à la taxe de 1,10 %, elle concerne toutes les affaires autres que celles qui sont indiquées précédemment.

Le registre obligatoire.

Pour l'application de l'impôt sur le chiffr d'affaires, la
loi du 25 juin a ordonné à tous les commerçants qui ne
sont pas pourvus d'une comptabilité suffisante, de tenir
au moins un registre des ventes journalières, lequel registre doit avoir ses pages numérotées. Sur ce registre
doivent être inscrites, jour par jour, sans blanc ni rature,
les ventes qui ont été effectuées ou les courtages ou autres profits s'il s'agit de vente de services.

Notons que la désignation des objets vendus n'est obligatoire que lorsqu'il s'agit de vente de 100 francs ou au-
dessus. Les ventes inférieures à 100 francs, peuvent ne
pas être inscrites une par une, on peut, pour celles qui
sont vendues dans la journée, n'inscrire que le total.

Pour les ventes à partir de 500 francs, il faut indiquer,
outre la désignation des objets vendus, le nom et l'adresse
de l'acheteur.

Dans beaucoup de cas, en ce qui concerne les petits
commerçants, le registre à une seule colonne sera suffi-

sant, parce que les commerçants en question ne vendent
que des produits soumis à un seul taux d'impôt.

Les commerçants qui vendent par exemple : des produits
soumis les uns à la taxe de 1.10 %, et les autres à la taxe
de 10 %, ont intérêt à se procurer un registre à deux co-
lonnes de façon à placer, les unes sous les autres, les sommes passibles d'un même taux d'impôt, et à faciliter de
la sorte le relevé dont nous allons parler.

Le relevé mensuel.

A la fin de chaque mois, les contribuables doivent établir un relevé du chiffre d'affaires mensuel; il est constitué par la totalisation des ventes journalières; le contribuable calcule l'impôt qu'il doit payer d'aprs le taux
auquel il est soumis.

Ce relevé doit être envoyé à l'Administration des finances (receveur des contributions indirectes ou receveur de
l'enregistrement suivant le cas), et être acompagné de la
somme due.

Le forfait.

Il est intéressant de signaler que les petits commerçants et les petits artisans pourront bénéficier d'un régime
spécial prévu par la loi et qu'on appelle le « forfait ».

Les personnes, en effet, dont le chiffre d'affaires est
inférieur à 4.000 francs par mois en moyenne, s'il s'agit
de commerçants, ou de 1.000 francs par mois s'il s'agit de
courtiers, intermédiaires ou autres, seront dispensés d'é-
tablir le relevé mensuel et d'acquitter l'impôt tous les
mois; il pourra être établi sur leur demande un forfait
annuel déterminé d'après le chiffre d'affaires de l'année
passée et qui sera acquitté trimestriellement par fraction
aux dates indiquées par l'Administration.

Les agents de l'Administration des finances ont évidem-
ment le droit de vérifier l'exactitude des relevés mensuels
en demandant les justifications nécessaires à la fixation
du chiffre d'affaires.

Les omissions ou les inexactitudes peuvent faire encou-
rir aux contrevenants des sanctions fiscales assez graves.

LES BÉNÉFICES DE GUERRE

Nous parlons seulement pour mémoire de la contribution extraordinaire sur les bénéfices supplémentaires ou exceptionnels de guerre instituée par la loi du 1er juillet 1916 et dont la loi du 25 juin 1920 a arrêté les effets au 30 juin 1920.

En vertu de cette loi du 1er juillet 1916, les bénéfices supplémentaires ou exceptionnels de guerre réalisés depuis le 1er août 1914 sont soumis à une taxe de 50 % minimum si la déclaration du contribuable a été faite en temps voulu, de 55 % si la déclaration a été tardive, de 65 % en cas d'omission de déclaration.

L'économie de la loi est la suivante. On vous dit par exemple : avant la guerre vous faisiez 10,000 francs de bénéfice net; pendant telle année de guerre vous avez gagné 30.000 francs sur lesquels nous vous consentons une déduction de 5.000 francs. Il reste donc 15.000 francs pour lesquels vous devez payer l'impôt de 50, 55 ou 65 % suivant le cas.

Nous avons dit que les effets de cette loi s'arrêtaient au 30 juin 1920; mais la perception de l'impôt sur les années imposables n'est pas faite, elle va se poursuivre pendant plusieurs années sans doute.

(Voir aussi la loi du 31 juillet 1920 portant fixation du budget général de 1920, articles 8 et suivants sur l'évaluation des stocks pour l'établissement de la contribution relative à la dernière période d'imposition.)

DÉCLARATIONS & RÉCLAMATIONS

En principe, les déclarations des revenus ou bénéfices de l'année précédente doivent être faites avant le 1er avril de l'année courante.

D'une façon générale le contribuable a toujours intérêt à faire ses déclarations.

Les fausses déclarations ou les dissimulations exposent leurs auteurs à des sanctions fiscales ou pénales graves.

Pour permettre le contrôle des déclarations d'impôt et la recherche des omissions ou des fraudes qui auraient pu être commises tout commerçant faisant un chiffre d'affai-

...res supérieur à 50.000 francs est tenu de représenter à toute réquisition des agents du Trésor, ayant au moins le grade de contrôleur ou d'inspecteur adjoint, le livre-journal, le livre des inventaires, le copie-lettres, ainsi que tous les livres et documents annexes, pièces de recettes et de dépenses (art. 32 de la loi du 31 juillet 1920).

Le contribuable peut se défendre contre les taxations jugées par lui excessives. Mais les voies de recours sont multiples; il y a des délais et des formes à observer, et si le contribuable n'est pas bien versé dans les questions de droit fiscal, il fera mieux généralement de confier ses intérêts à un avocat ou de s'adresser au contentieux d'une association professionnelle.

Une dernière déduction à tirer de la législation fiscale actuelle, c'est la nécessité pour le contribuable d'avoir une comptabilité. Ne nous effrayons pas du mot. Les petites maisons peuvent se contenter d'une comptabilité sommaire, mais il faut qu'elles puissent arriver à déterminer : leur chiffre d'affaires, leurs frais généraux et leurs bénéfices.

CONCLUSION

On a pu voir que l'ancien système d'impôts directs est en voie de disparition : les quatre vieilles contributions directes n'existent plus que pour constituer un principal fictif sur lequel sont établies les contributions départementales et communales. Elles ont été remplacées : par un impôt général sur l'ensemble du revenu de chaque contribuable et par des impôts cédulaires sur les diverses formes de revenus. L'impôt général et les impôts cédulaires se superposent. A ces impôts s'ajoutent encore l'impôt sur le chiffre d'affaires et une série de taxes assimilées. Tel est, en résumé, le système d'impôt qui a permis, en 1920, d'équilibrer un budget supérieur à 20 milliards de francs.

Le Régime des Transports Commerciaux
par Chemin de Fer

Responsabilité des Compagnies.

En principe, les Compagnies des chemins de fer sont responsables des pertes et des avaries (art. 103 du Code de Commerce). En conséquence, elles sont responsables du poids, du nombre et de l'état des objets dont elles ont pris charge régulièrement.

Leur responsabilité cesse lorsqu'elles font la preuve que la perte ou l'avarie provient :

a) Du *cas fortuit* (inondation subite, incendie par la foudre, etc.);

b) De la *force majeure* (la guerre, la grève dans certains cas);

c) Du *vice propre* de la chose (dessication, évaporation, combustion spontanée, germination, etc.).

d) De la *faute de l'expéditeur* (mauvais emballages, chargement ou bâchage mal fait).

Vérifications et Réserves.

Le destinataire a le droit de vérifier extérieurement et intérieurement le colis avant d'en prendre livraison. S'il présume un manquant au poids ou s'il en constate un en nombre, il doit :

1º Faire peser et se faire donner un bulletin de pesage;

2º Inscrire sur le livre de sortie de la gare ses réserves motivées;

3º Confirmer ses réserves dans les trois jours par lettre recommandée (art. 105 du Code de Commerce).

Contestations.

Si le chef de gare refuse de constater les avaries ou décline la responsabilité, le destinataire doit refuser momentanément de prendre livraison et se mettre en demeure de faire la preuve que les avaries résultent de la force majeure, du cas fortuit, du vice propre, ou de la faute de l'expéditeur. Si le chef de gare ne répond pas dans les 3 jours le destinataire fait rendre par le Président du Tribunal de Commerce ou par le juge de paix une ordonnance aux fins d'expertise de l'objet transporté. Le dépôt ou sequestre et ensuite le transport dans un lieu public peuvent en être ordonnés. La vente peut aussi être ordonnée.

Aussitôt qu'il présume que l'avarie ou le manquant proviennent de la faute de l'expéditeur ou du vice de la chose le destinataire doit lui en faire part immédiatement et lui demander s'il accepte une expertise amiable, sauf quoi il sera pratiqué une expertise judiciaire.

Indemnités pour retard.

Le retard dans le transport est susceptible de donner lieu à indemnité (art. 104 du Code de Commerce) ; mais l'indemnité doit correspoidre au préjudice réel que la Compagnie aurait dû prévoir. L'indemnité ne peut être due que si la Compagnie a été mise en demeure de livrer la marchandise et ne l'a pas fait.

Responsabilité de l'expéditeur.

Sauf convention contraire la marchandise voyage aux risques et périls de l'expéditeur (art. 100 du Code de Commerce).

⁎

Lorsqu'une contestation naît pour avarie ou manquant et qu'il y a lieu de pratiquer une expertise, le destinataire a tout intérêt à prendre un Conseil pour que la procédure assez complexe soit faite régulièrement.

Quelques Obligations importantes
des Commerçants

Livre de Commerce Obligatoire

D'après les articles 8 et suivants du Code de Commerce tout commerçant est tenu d'avoir :

1º Un livre-journal coté, visé et paraphé où il inscrit chaque jour tout ce qu'il reçoit et tout ce qu'il paie pour l'exercice de sa profession, et où il énonce mois par mois les sommes employées aux dépenses de sa maison;

2º Un livre des inventaires coté, visé et paraphé sur lequel il portera chaque année l'inventaire de ses effets mobiliers et immobiliers et de ses dettes actives et passives;

3º Un livre où doivent être copiées toutes les lettres qu'il envoie. Il est tenue de mettre en liasse et de garder les lettres qu'il reçoit.

Des livres de commerce régulièrement tenus peuvent être admis en preuve entre commerçants pour faits de commerce.

L'absence de livres ou leur régularité, peut, en cas de faillite du commerçant, entraîner la banqueroute simple.

La femme mariée, marchande publique

D'après les articles 4 et suivants du Code de Commerce, la femme ne peut être marchande publique sans le consentement de son mari ; mais l'autorisation de son mari peut n'être que tacite. Ainsi on peut estimer que le mari qui connaît le commerce de sa femme et ne s'est pas opposé à ce qu'elle l'exerce lui a donné tacitement l'autorisation d'être commerçante.

La femme qui exploite conjointement avec son mari n'étant pas marchande publique, ne peut être condamnée solidairement avec son mari pour le commerce ou des fournitures faites pour la maison commerciale.

Quand elle est marchande publique, la femme peut, sans autorisation maritale, s'obliger pour tout ce qui concerne son négoce; mais, s'il y a communauté entre eux, elle oblige également son mari; les billets souscrits par elle et causés valeur en marchandises obligent aussi son mari envers le porteur de bonne foi.

Signalons que bien qu'autorisée à être marchande publique, la femme ne peut ester en justice qu'avec une autorisation spéciale du mari.

Le mari peut révoquer l'autorisation donnée à sa femme d'être commerçante; mais cette révocation doit faire l'objet de certaines mesures de publicité afin de prévenir les tiers. Des mesures de publicité sont d'ailleurs également prescrites pour les contrats de mariage des commerçants.

Lois ouvrières

Les Accidents du Travail

Loi du 9 avril 1898. — Une loi du 9 avril 1898, modifiée et complétée par une série de lois postérieures, donne droit aux victimes d'accidents du travail ou à leurs représentants à une indemnité qui est a la charge du chef d'entreprise.

Cette loi bénéficie à tous les ouvriers et employés de l'industrie (usines, manufactures, chantiers, magasins publics, mines, transports, etc.). aux ouvriers forestiers, et même aux ouvriers agricoles quand les accidents du travail proviennent de machines mues par des moteurs inanimés (machines à vapeur, moteurs à essence, etc.).

L'ouvrier victime d'un accident du travail a droit à une rente temporaire ou permanente suivant le caractère de l'incapacité résultant de l'accident, calculée sur le salaire que touchait l'ouvrier au moment de l'accident et proportionnée au *quantum* de l'incapacité.

Dans le cas d'accident suivi de mort, la rente est due aux ayants-droit de la victime.

La rente est due par le patron. Généralement celui-ci prend la précaution de substituer à la sienne la responsabilité d'une Compagnie d'assurances. Il doit en outre payer les frais médicaux, les frais pharmaceutiques et les frais funéraires en cas de mort.

Tout accident de travail pouvant donner lieu à indemnité doit être déclaré dans les 2 jours par le chef d'entreprise ou ses préposés au maire de la commune qui délivre récépissé de la déclaration. La fixation de l'indemnité se poursuit ensuite suivant une procédure très simple et gratuite pour les victimes d'accidents.

Une loi récente inspirée par le même souci de protection des travailleurs a stipulé que certaines maladies d'origine professionnelle pouvaient donner ouverture à indemnité dans des conditions analogues à celles qui sont prévues pour les accidents du travail.

Le Repos hebdomadaire

Loi du 13 juillet 1906. — Une loi du 13 juillet 1906 modifiée et complétée par des lois ultérieures dispose qu'il est interdit d'occuper plus de six jours par semaine un même employé ou ouvrier dans un établissement industriel ou commercial ou dans ses dépendances, et que le repos hebdomadaire doit avoir une durée minima de 24 heures consécutives.

Des exceptions ont été prévues et des dispositions spéciales stipulées pour un assez grand nombre de catégories d'établissements, suivant les nécessités professionnelles.

Lois rurales

Police sanitaire des Animaux

Loi du 21 juin 1898. — Les maladies réputées contagieuses sont : la rage, la peste bovine, la péripneumonie contagieuse, le charbon emphysémateux ou symptomatique et la tuberculose dans l'espèce bovine ; — la clavelée et la gale dans les espèces ovine et caprine, et la fièvre aphteuse dans les espèces bovine, ovine, caprine et porcine ; — la morve et le farcin, la dourine, dans les espèces chevaline, asine et leurs croisements ; — la fièvre charbonneuse ou sang de rate dans les espèces chevaline, bovine, ovine et caprine ; — le rouget et la pneumo-entérite infectieuse dans l'espèce porcine.

Tout propriétaire ayant charge d'un animal atteint ou soupçonné d'être atteint d'une des maladies ci-dessus doit le déclarer au maire. L'animal doit être séquestré immédiatement. Il est interdit de transporter l'animal ou le cadavre, et même d'enfouir le cadavre avant l'examen du vétérinaire sanitaire.

L'exposition, la vente ou la mise en vente des animaux atteints ou soupçonnés d'être atteints de maladies contagieuses est interdite.

Telles sont, en résumé, les principales dispositions de la loi sur la police sanitaire des animaux. On ne saurait trop recommander aux éleveurs de s'y conformer scrupuleusement, en raison des conséquences redoutables que peut entraîner une infraction.

Les vices rédhibitoires dans les ventes d'animaux

L'action en garantie de l'acheteur d'un animal atteint de vice rédhibitoire est réglée par les lois des 2 août 1884, 31 juillet 1895, 23 février 1905.

Sont seuls réputés vices rédhibitoires :

Pour le cheval, l'âne et le mulet : l'immobilité, l'emphysème pulmonaire, le cornage chronique, le tic proprement dit, avec ou sans usure des dents, les boîteries intermittentes et la fluxion périodique des yeux.

Pour l'espèce porcine : la ladrerie.

Le délai pour intenter l'action rédhibitoire est de neuf jours francs, excepté pour la fluxion périodique pour laquelle il est de trente jours francs.

En publiant ci-dessus l'économie générale de quelques lois d'une exceptionnelle importance, nous éveillerons, peut-être dans l'esprit des lecteurs cette idée contradictoire en apparence, que le plus libre citoyen est esclave de la loi. Elle régit sa vie privée, sa vie professionnelle, sa vie sociale et publique. S'il s'évade de ses limites ou s'il les ignore, il perd la sécurité de sa liberté et de sa vie ou risque de compromettre ses plus légitimes intérêts.

Voilà que se définit ainsi, spontanément, le rôle de l'avocat : guider, éclairer sur les limites de ses droits et de ses obligations, celui qui l'interroge ; le défendre s'il est nécessaire.

OFFICES PUBLICS DE PLACEMENT

Les Offices Publics de Placement, institués par le Ministère du Travail, et ayant comme ressources les subventions des Villes, des Départements et de l'Etat, ont pour but la judicieuse répartition de la main-d'œuvre sur tout le territoire, la réglementation et la canalisation de la main-d'œuvre étrangère, ainsi que le maintien de l'ordre par la suppression du chômage.

Les caractéristiques des Offices publics de placement sont : la neutralité, l'adaptation de la demande à l'offre, la gratuité, la rapidité

1º *Neutralité*. — L'Office est un terrain neutre où se rencontrent à leur aise et sans méfiance les chercheurs d'employés et les chercheurs d'emploi. Leurs opérations sont effectuées sous le contrôle d'une Commission Paritaire comprenant un nombre égal de patrons et d'ouvriers.

2º *Adaptation de la demande à l'offre*. — Ces institutions ne consistent pas seulement en écritures, c'est-à-dire ne se contentent pas d'établir des listes d'offres et de demandes de travail, puis de placer d'une façon mécanique ; elles s'efforcent d'assortir les spécialités d'ouvriers aux spécialités d'emplois. De plus les Offices de Placement Gratuit procurent aux travailleurs des places en rapport non seulement avec leur habileté professionnelle, mais encore avec leur goût et leur caractère : ils apprécient si tel patron convient à tel ouvrier et inversement, si tel serviteur convient à tel maître. En un mot, les préposés se transforment en véritables courtiers, au courant des exigences de l'employeur et de l'employé, et se mettent en mesure de procurer à chacun, avec une égale sollicitude, ce qui lui convient le mieux. Ils offrent donc de sérieuses garanties d'impartialité.

3º *Gratuité*. — Il serait superflu d'insister sur l'immense avantage de la gratuité des placements. Toute personne qui est venue s'inscrire à un Office de Placement pourrait en témoigner. Au cas où l'un des préposés à ces Offices se serait permis de solliciter une rétribution quelconque à l'occasion du placement d'un employé ou d'un ouvrier, il se verrait infliger une sanction sévère (amende, prison) en conformité de la loi régissant les Offices Publics de Placement gratuit.

4º *Rapidité*. — Les Offices ont pour directives d'employer de préférence aux méthodes administratives, les méthodes commerciales. Ils font appel à la publicité et font un large emploi du téléphone dont ils sont tous pourvus.

Les compensations de main-d'œuvre d'un département ou d'une région à l'autre sont opérées, soit directement d'Office à Office, soit par l'intermédiaire et avec le concours des Offices régionaux et de l'Office Central de Placement.

Pour conclure nous ne saurions trop engager les employeurs et employés des deux sexes, de toutes les branches de l'activité économique (bâtiment, métallurgie, agriculture, personnel domestique, alimentation, commerce, imprimerie, mégisserie, apprentis) à s'adresser à l'Office de Placement gratuit, le plus près de leur résidence, qui s'efforcera de leur donner satisfaction dans le plus bref délai.

Voici l'adresse des Offices de notre région :

Saint-Brieuc (Côtes-du-Nord) O. D. O. M. Hôtel-de-Ville, Tél. 2.43.

Quimper (Finistère) O. D. Ancien Evêché, Tél. 1.64.

Brest (Finistère) Bureau municipal, 7, rue Duquesne, Tél. 0.40-0.61.

Rennes (Ille-et-Vilaine) O. D. O. M. rue Hoche, Tél. 2.97.

Tours (Indre-et-Loire) O. D. O. M. place des Halles, 2, Tél. 4.11.

Nantes (Loire-Intérieure) O. D. O. M. rue des Bons Français et rue de l'Ecluse, 1, Tél. 19.19.

Saint-Nazaire (Loire-Inférieure) O. D. O. M. rue Villès-Martin. Tél. 3.64.

Angers (Maine-et-Loire) O. D. O. M. cour de la Mairie, Tél. 9.68.

Laval (Mayenne) O. D. O. M. 5, rue Mazagran, Tél. 0.97.

Lorient (Morbihan) O. D. O. M. 41, rue Paul-Bert, Tél. 2.88.

Le Mans (Sarthe) O. D. O. M. Préfecture, Tél. 7.63.

GRAND CONCOURS GRATUIT

auquel peut participer

tout porteur de cette Brochure

L'Association Professionnelle des Journalistes de l'Ouest, organise sous le patronage des Directeurs des principaux Journaux des Départements de l'Ouest, un grand Concours gratuit entre les porteurs de sa brochure : « Ce que tout Français doit savoir ».

Pour y prendre part, il suffit de répondre aux questions posées sur la Feuille de Concours ci-contre.

Cette feuille de Concours devra être envoyée *(à une date qui sera indiquée ultérieurement dans tous les principaux journaux de l'Ouest)* à une adresse que ces Journaux publieront.

Seront déclarées nulles toutes réponses qui ne seraient pas données sur la feuille de Concours ci-contre.

Tous les membres d'une même famille peuvent participer à ce Concours, à condition que les réponses soient
écrites sur des feuilles de Concours différentes, c'est-à-dire
une feuille par personne. Ces feuilles de Concours pourront être envoyées sous une même enveloppe.

La réponse-type, qui désignera les gagnants, ne pourra
être connue qu'après le dépouillement des réponses. Elle
sera, en effet, constituée par l'ensemble de ces réponses.

Exemple : Si 200.000 personnes indiquent la « Richesse »
comme faisant le bonheur, et que la Santé, la Chance,
l'Affection, la Gloire recueillent moins de suffrages, les
réponses indiquant la Richesse seront retenues.

Il en sera de même pour la 2ᵉ question.

Ensuite, on recherchera la feuille de concours ayant
indiqué exactement les deux réponses qui auront obtenu
la majorité. Celle-là sera la gagnante. S'il y en a plusieurs,
la 3ᵉ question les départagera. A titre d'indication
pour cette dernière question, la brochure est mise en vente
dans les douze départements de l'Ouest, comptant, au
total, environ 6 millions d'habitants.

Le dépouillement sera entouré des plus sérieuses garanties. Un procès-verbal de constat en sera dressé par un
officier ministériel. Aucune réclamation ne sera admise
après la proclamation des résultats.

Les prix seront à la disposition des lauréats dans la
quinzaine de la proclamation des résultats.

Des renseignements complémentaires seront publiés
par tous les principaux journaux de l'Ouest pendant tout
le temps que durera la vente de la brochure : « Ce que tout
Français doit savoir ».

Imprimerie Artistique, 2, Rue d'Antrain, Rennes.
Tous Genres d'Imprimés

Liste des Principaux Prix

1er prix : Un Bon de la Défense Nationale de Cinq mille francs **5.000**
2e prix : Une Chambre à coucher, valeur . **1.200**
3e — — **1.200**
4e — — **1.200**
5e — — **1.200**
6e — Un Bon de la Défense Nationale de **1.000**
7e — — **1.000**
8e — Une bicyclette, valeur **600**
9e — — **600**
10e — — **600**
11e — — **600**
12e — — **600**
13e — Un Bon de la Défense Nationale de **500**
14e — — **500**
15e et 16e : 2 fusils de chasse, valeur **500** fr. pièce
17e et 18e : 2 machines à coudre, val. **500** —
19e et 20e : 2 mandolines, valeur.... **120** —

Et plusieurs centaines d'autres prix, dont la liste n'est pas close, mais parmi lesquels figurent, dès à présent :

10 Bons de la Défense Nationale de **100** fr. chacun
10 sacs de voyage, valeur .... **100** fr. pièce
5 accordéons, valeur .... **100** —
20 Bons de la Défense Nationale de **50** fr. chacun
etc.. etc.. etc..

☞ *Les prix (qui, nous le répétons, se chiffreront par centaines) seront classés, suivant la valeur des objets achetés ou reçus par l'Association des Journalistes de l'Ouest. La liste complète en sera portée à la connaissance du public quelques jours avant la clôture du concours.*

(Voir ci-contre la Feuille de Concours).

Feuille de Concours

de la Brochure "Ce que tout Français doit savoir"

vendue au profit de la Caisse de Secours et de Retraites de l'Association Professionnelle des Journalistes de l'Ouest.

1re Question. — *Qu'est-ce qui, dans la vie d'une personne, peut faire son bonheur ?*

La Richesse ? La Santé ? L'Affection ? La Chance ? La Gloire ?

2me Question. — *A quelle période de la vie, une personne, en bonne santé, est-elle le plus heureuse ?*

Enfance (*0 à 13 ans*). Adolescence (*13 à 18 ans*). Jeunesse (*18 à 30 ans*). Age viril (*30 à 45 ans*). Age mûr (*45 à 60 ans*). Vieillesse (*au delà de 60 ans*).

3me Question. — *Combien recevrons-nous de réponses ?*

Noms, prénoms et adresses exacts du concurrent :

Cette feuille ne devra être envoyée qu'à la date et à l'adresse qui seront indiquées ultérieurement dans les principaux journaux de l'Ouest de la France.